DÉPARTEMENT D'ORAN

CONSEIL GÉNÉRAL

RAPPORTS

DE LA

COMMISSION D'ÉTUDES

SUR LE PHYLLOXERA

ORAN

IMPRIMERIE D. HEINTZ

9, Boulevard Malakoff, 9

1891

DÉPARTEMENT D'ORAN

CONSEIL GÉNÉRAL

RAPPORTS

DE LA

COMMISSION D'ÉTUDES

SUR LE PHYLLOXERA

ORAN

IMPRIMERIE D. HEINTZ

9, Boulevard Malakoff, 9

1891

RAPPORT

SUR LA SITUATION PHYLLOXÉRIQUE

DE SIDI-BEL-ABBÈS

PAR

M. J.-D. CATTA

Ancien délégué régional du Ministre de l'Agriculture, Chef-expert du Syndicat de défense contre le phylloxera du département d'Alger.

M. Valéry MAYET

Professeur à l'École nationale d'agriculture de Montpellier

Délégués du Conseil général du Département d'Oran

Alger, le 10 juillet 1891.

Monsieur le Président du Conseil général d'Oran,
Messieurs les Membres de la Commission d'études,

Dans la séance du 13 avril 1891, le Conseil général nous a désignés pour vous apporter une étude de la situation phylloxérique du vignoble de Bel-Abbès.

Les questions qui ont préoccupé le Conseil ont été exposées au cours de la discussion qui s'est produite dans cette séance.

Permettez-nous de rappeler ici les passages de cette discussion qui nous paraissent les plus caractéristiques pour préciser le but de notre mission et qui en constituent en quelque sorte le programme.

Voici ce que nous lisons dans les procès-verbaux de l'Assemblée départementale :

1° La lutte serait-elle plus facile avec un service unique, le Service des recherches ne devant pas rester indépendant du Service d'extinction ?

2° Ne pourrait-on pas, rien ne s'y opposant dans la loi de 1883, avec les excédants de la taxe spéciale, constituer un fonds de réserve permettant d'accorder une allocation supplémentaire et suffisante aux propriétaires phylloxérés ?

3° Faut-il, comme l'ont demandé un instant les représentants de Bel-Abbès, abandonner complètement la lutte et accorder à cette région la libre culture ?

4° Quelle a pu être l'importance des faits signalés au Conseil général concernant des imprudences commises. Des racines, arrachées de la vigne phylloxérée, auraient été trouvées dans une vigne saine ; des souches et des sarments contaminés, destinés à l'incinération, auraient été transportés à travers des vignes indemnes ; des pieds de vigne d'un champ qui avait été traité par le sulfure de carbone auraient repoussé ; les délimitations de certaines taches et les zones de protection n'auraient pas été suffisantes ?

5° Quel est l'état du vignoble de Bel-Abbès ? Quelles sont les causes, l'étendue, la gravité de l'invasion et les moyens d'enrayer le mal ?

6° Serait-il sage que les propriétaires profitent de la période prospère que traverse la viticulture algérienne pour essayer la culture des plants américains, entreprendre la reconstitution des vignobles, qui a donné en France d'excellents résultats, afin que, dans 10 ou 20 ans, l'Algérie possède un outil complet qui lui permette de lutter contre l'adversité ? (Saurel.)

7° N'y a-t-il pas dans la région de Bel-Abbès des taches dont l'existence n'avait pas encore été révélée et qui donneraient à la situation une gravité exceptionnelle ? (Priou.)

Nous avons reproduit ces citations dans l'ordre où elles figurent au procès-verbal de la séance du Conseil général, en date du 13 avril 1891, et nous répondrons aux questions qu'elles posent, dans l'ordre que comportera le développement du présent rapport.

Partis d'Alger le 8 juin, nous avons consacré à nos recherches environ vingt-cinq jours. Outre Bel-Abbès, l'objet principal de nos études, nous avons voulu visiter les foyers d'Oran-Karguentah, de Tlemcen et de Philippeville. En effet, pour apprécier sainement l'état d'un vignoble inspirant de sérieuses inquiétudes, il était indispensable de pouvoir le comparer, d'une part, avec des foyers algériens où les traitements d'extinction ont donné des résultats satisfaisants, et, d'autre part, avec celui de Philippeville dont la situation paraît désespérée.

Pendant notre séjour à Bel-Abbès, vous avez bien voulu, Monsieur le Président et Messieurs les Membres de la Commission d'études, venir assister à nos opérations. Nous avons été très heureux de cette circonstance qui nous a permis de vous faire connaître sur place certaines de nos impressions et de visiter avec vous les points les plus intéressants.

Nous devons des remerciments au Syndicat de défense contre le phylloxera du département d'Oran, qui nous a facilité la tâche en mettant à notre disposition deux ouvriers exercés et un expert.

Néanmoins, pour conserver toute notre indépendance, nous avons tenu à décharger le Syndicat des frais occasionnés par ce personnel, pendant tout le temps qu'il a travaillé sous nos ordres.

M. Quercy, délégué départemental, nous a, de son côté, rendu les plus grands services en nous accompagnant soit à Karguentah, soit à Sidi-Lhassen où il nous a donné accès sur les chantiers d'extinction des dernières taches découvertes. Il nous a, en outre, communiqué tous les documents statistiques relatifs à son service qu'il nous a paru utile de consulter.

Description du vignoble

Le vignoble de l'arrondissement de Bel-Abbès est très important. Si on fait entrer en ligne les plantations de l'hiver dernier, on peut dire qu'il comprend environ 4,500 hectares.

Nous ne possédons, pour le moment, de document statistique exact que celui qui a été mis à jour l'an dernier par les travaux du Syndicat de défense du département d'Oran et que M. Bastide a bien voulu nous communiquer. La surface du vignoble y est répartie, entre les communes de l'arrondissement, de la manière suivante :

Vignoble de l'arrondissement de Bel-Abbès

COMMUNES	NOMBRE D'HECTARES complantés en vignes
Aïn-el-Trid	336h 25a
Chanzy	70 15
Mercier-Lacombe	250 93
Sidi-bel-Abbès	1.609 90
Sidi-Brahim	127 57
Sidi-Lhassen	129 45
Tenira	46 06
Thessala	97 45
Trembles (Les)	307 43
Boukanéfis (mixte)	753 46
Mékerra (mixte)	437 58
Télagh (mixte)	93 92
TOTAL	4.260h 15a

Trois communes seulement sont atteintes par le fléau : celle de Bel-Abbès, de Sidi-Lhassen et des Trembles.

Le peu d'importance des vignobles de Sidi-Lhassen et leur proximité de ceux de Bel-Abbès (6 kilomètres), permettent de considérer les points d'attaque des deux communes comme ne formant qu'un seul foyer.

Les 1,500 hectares de Bel-Abbès sont répartis, sur le territoire de cette commune, en un certain nombre de groupes assez éloignés les uns des autres. Un seul est contaminé, celui qui avoisine et entoure la ville. Il peut comprendre environ 500 hectares et, sur cette surface, il n'y a, à l'heure actuelle, que 14 hectares de détruits.

Le vignoble de Bel-Abbès est ancien ; les plantations de 30 ou 40 ans ne sont pas rares ; la vigne est spécialement cultivée pour le vin. Cependant, dans le voisinage immédiat de la ville, précisément dans la région contaminée, se trouvent de très importantes cultures de raisins de table. Le fruit qu'on y récolte est transporté sur tous les points du territoire. Ce fait n'a probablement pas été étranger à la dissémination du mal.

En général, la vigne est cultivée avec soin, mais le terrain ne répond pas toujours aux efforts des viticulteurs. S'il est, en effet, composé d'excellentes terres dans les plaines qu'arrose et irrigue la Mékerra, il n'en est pas de même sur les coteaux et les mamelons de couleur blanche, constitués par des couches tertiaires appartenant au Suessonien supérieur. Cet étage, d'après M. Pomel, est composé de marnes formant la couche arable avec intercalation de bancs calcaires et de nombreux grumeaux de même substance. Ces terres seraient évidemment peu propices à la végétation si, d'après le même auteur, elles ne contenaient des rognons de phosphate de chaux, sous forme de coprolithes, ce qui explique la fertilité de cette région au point de vue de la culture des céréales. Il est probable que les points de dépérissement que nous avons signalés correspondent à des emplacements où manquent ces phosphates.

La mortalité des souches dans ces parages est fréquente. Des taches d'aspect inquiétant se montrent çà et là, pouvant faire, de prime abord, croire à une extension considérable du phylloxera. Pour un très grand nombre d'entre elles, nous nous sommes assurés, par de minutieuses recherches, que le puceron n'était pour rien dans l'affaiblissement constaté.

Dans un certain nombre de cas, nous avons pu reconnaître d'autres causes à la mortalité des souches. Il en est qui sont plantées dans un terrain dont le sous-sol est imperméable et qui succombent ainsi sous les atteintes du pourridié. D'autres, bien que plantées dans des terres profondes et riches en apparence, périssent par suite de la présence du sel marin remontant par capillarité des couches inférieures.

L'exemple le plus remarquable que nous ayons vu de ce dernier cas se montre dans le beau vignoble de M. Bastide, sous-directeur du Syndicat, qui sera obligé certainement de sacrifier, pour cette raison, une magnifique parcelle de vigne située dans l'enclos de sa ferme (1). Enfin nous avons pu constater encore que bien des dépérissements étaient dus à une autre cause, la fréquence de l'alicante ou grenache dans le vignoble de Bel-Abbès; or, l'expérience acquise dans le département d'Alger montre ce plant comme ne pouvant pas vivre longtemps dans certaines parties de l'Algérie.

Ces taches non phylloxériques sont fâcheuses, au point de vue qui nous occupe; elles égarent les recherches. On est trop souvent porté, en effet, à les considérer comme non dangereuses et à ne plus les examiner jusqu'au jour où l'une d'elles, ainsi négligée, se trouve être précisément occasionnée par le puceron et cause aux viticulteurs la plus désagréable des surprises. Il est donc absolument indispensable de les relever avec soin et de les visiter sans relâche.

---

(1) Nous signalons en passant le seul remède à apporter à cette situation, c'est, lorsqu'il est possible, le dessalage, par irrigations, comme cela se pratique en grand actuellement dans la Camargue.

Etat phylloxérique de Bel-Abbès

De primo abord il peut paraître oiseux de se demander si le phylloxera est réellement à Bel-Abbès et si c'était bien là l'insecte connu dans le monde entier. Ce doute n'a certainement pas existé dans l'esprit des membres du Conseil général, mais nous en avons trouvé l'écho très persistant chez beaucoup de propriétaires et de vignerons. Le phylloxera avait déjà été vu par l'un de nous en juin 1889 (1), sur l'une des taches de la propriété Jauffret, à Bel-Abbès; nous avons eu malheureusement la même constatation à faire sur la tache qui venait d'être découverte dans la vigne de la veuve Terrier à Sidi-Lhassen, et dans la vigne voisine. Les insectes ayant été examinés avec soin, il ne peut subsister le moindre doute sur leur identité. C'est bien le *phylloxera vastatrix* qui est à Bel-Abbès, comme il est en France, en Espagne, en Italie et dans tous les autres pays où la vigne d'Europe est en train de disparaître. Les altérations produites sur les racines, tubérosités sur les parties lignifiées et nodosités sur les radicelles encore tendres, sont identiques à tout ce qui a été observé partout ailleurs. Nous ne voyons donc aucune raison sérieuse pour admettre que le phylloxera, *non combattu*, puisse produire moins de désastres en Algérie que dans les pays similaires. La multiplication de l'insecte, quand on ne fait rien pour la combattre, ne peut être sensiblement ralentie que par un climat septentrional, tel que celui de la Suisse, de l'Allemagne ou du nord de la France, climat qui diminue le nombre des générations annuelles.

Dans le même ordre d'idées, on s'est demandé si la

(1) J.-D. Catta : Visites aux foyers phylloxériques du département d'Oran (*Bulletin du Syndicat de défense contre le phylloxera du département d'Alger*, n° 27, juillet 1889, page 327).

forme ailée existait en Algérie. L'un de nous l'a vue à Philippeville (1) où de nombreuses nymphes avaient été constatées. Nous les avons revues dans la même localité, cette année ; or, tous ceux qui se sont occupés de la question savent que toute nymphe devient un ailé. Nous devons à la vérité de dire qu'à Sidi-Lhassen nous n'en avons trouvé aucune sur les racines. Notre visite avait lieu le 15 juin. Il n'existe pas d'observation permettant d'affirmer qu'à cette date la présence de la nymphe soit possible. D'autre part, la loi ordonnant la destruction immédiate des taches découvertes et défendant rigoureusement de détenir le phylloxera vivant, il nous a été impossible de poursuivre l'évolution de l'insecte, mais nous avons demandé à M. le Ministre de l'Agriculture l'autorisation de mettre en observation, à la première découverte qui viendrait à se produire, des racines phylloxérées. Elles seront pour cela enfermées dans un flacon, immédiatement cacheté sur le terrain même où elles auront été prises, et expédié avec toutes les précautions voulues au laboratoire de l'un de nous, à l'École d'agriculture de Montpellier, pour y être mises en observation. Si nous obtenons ainsi des ailés, il ne sera plus permis au plus incrédule de supposer que, dans le département d'Oran, l'essaimage n'existe pas.

C'est uniquement pour donner satisfaction à l'opinion de quelques viticulteurs du pays que nous voulons essayer d'apporter cette preuve matérielle. Au point de vue scientifique elle est absolument superflue. MM. Gastine et Couanon ont d'ailleurs vu des nymphes à Tlemcen, en 1885.

Comment le phylloxera est-il arrivé à Bel-Abbès ?

C'est là une question à laquelle il est impossible de répondre d'une manière certaine. Lors de la découverte, en 1885, l'Administration, par l'organe de M. Couanon,

(1) MM. Catta, Altairac et Jobez, ont vu des ailés à Philippeville en 1889, au cours de la mission qui leur avait été confiée par le Syndicat d'Alger.

inspecteur général des Services phylloxériques, admettait d'une façon positive que le mal était dû à l'introduction de plants infectés venant de France. Nous avons pu, d'autre part, recueillir sur place un renseignement qui pourrait permettre de supposer que l'insecte aurait été importé par des plants d'oliviers venus de Tlemcen.

Quoi qu'il en soit, le phylloxera fut découvert à Bel-Abbès, le 19 août 1885, par M. Perrin, aujourd'hui membre du Syndicat, dans la propriété de M. Michaud, appartenant actuellement à M. Célestin Cédat.

La lutte fut immédiatement organisée, le traitement d'extinction était appliqué quelques jours après; mais il était évidemment déjà trop tard pour empêcher l'essaimage, les ailés commençant leurs migrations dès les premiers jours de juillet. Il fallait donc s'attendre, pour les années suivantes, à la découverte de nouveaux points d'attaque.

C'est, en effet, ce qui s'est produit, et, à l'heure actuelle, la surface détruite par les opérations d'extinction, pratiquées pendant les sept étés qui viennent de s'écouler, s'élève au chiffre de 13 hectares 90 ares 53 centiares, répartis par année et par propriétaire, comme l'indique le tableau suivant:

	NOMS des PROPRIÉTAIRES	SURFACES DÉTRUITES EN VERTU DE LA LOI DE 1883 EN :																							
		1885			1886			1887			1888			1889			1890			1891			TOTALES		
		H.	A.	C.	H.	A.	C.	H.	A.	C.	H.	A.	C	H.	A.	C.	H.	A.	C.	H.	A.	C.	H.	A.	C.
	Michaud (Cédat, Célestin, successeur)	2	14	»	»	»	»	»	»	»	»	»	»	»	»	»	»	»	»	»	»	»	2	14	»
1	Jouffret	»	»	»	1	85	23	»	»	»	»	26	40	»	20	79	»	22	32	»	03	56	2	58	39
1	Perret, Anthelme	»	»	»	1	26	09	»	74	84	»	04	68	»	20	51	»	67	28	»	18	10	3	11	50
1	Gissy (Claude, Nicolas, successeur)	»	»	»	»	12	»	»	»	»	»	»	»	»	»	»	»	»	»	»	»	»	»	12	»
1	André	»	»	»	»	04	»	»	»	»	»	»	»	»	42	81	»	38	43	»	»	»	»	85	24
1	Perret, Jean	»	»	»	»	»	»	»	»	»	»	»	»	»	»	»	»	02	16	»	»	»	»	02	16
1	Bon Amou	»	»	»	»	»	»	»	»	»	»	04	76	»	02	40	»	»	»	»	»	»	»	07	16
1	Alberge, Célestin	»	»	»	»	»	»	»	»	»	»	»	»	»	04	22	»	01	90	»	»	»	»	06	12
2	Veuve Martreuil	»	»	»	»	»	»	»	»	»	»	»	»	»	»	»	»	25	14	»	»	»	»	25	14
3	Pedro, Roblez	»	»	»	»	»	»	»	»	»	»	»	»	»	04	85	»	»	65	»	»	»	»	05	50
4	Llopis	»	»	»	1	01	06	»	07	05	»	»	»	»	03	65	»	07	20	»	04	36	1	23	32
5	Rosalie, Baron	»	»	»	»	»	»	»	»	»	»	»	»	»	21	60	»	02	73	»	»	»	»	24	33
5	Carnicel frères	»	»	»	»	»	»	»	»	»	»	»	»	»	11	32	»	07	78	»	»	»	»	19	10
5	Veuve Lacruz	»	»	»	»	»	»	»	»	»	»	»	»	»	03	42	»	»	»	»	»	»	»	03	42
5	Francisco, Gomez	»	»	»	»	»	»	»	»	»	»	»	»	»	»	»	»	04	42	»	»	»	»	04	42
6	Francisco, Pascal	»	»	»	»	»	»	»	»	»	»	»	»	»	»	»	»	03	20	»	»	»	»	03	20
6	Rodriguez, Antonio	»	»	»	»	»	»	»	»	»	»	»	»	»	»	»	»	14	77	»	»	»	»	14	77
6	Francisco, Lapuerta	»	»	»	»	»	»	»	»	»	»	»	»	»	»	»	»	04	80	»	»	»	»	04	80
7	Manuel, Jean	»	»	»	»	»	»	»	»	»	»	»	»	»	10	50	»	»	»	»	»	»	»	10	50
7	Navarro	»	»	»	»	»	»	»	»	»	»	»	»	»	01	20	»	»	»	»	»	»	»	01	20
8	Quijada, Charles	»	»	»	»	»	»	»	»	»	»	»	»	»	»	»	1	08	20	»	14	»	1	22	20
8	Bellat, Claude	»	»	»	»	»	»	»	»	»	»	»	»	»	»	»	»	17	»	»	04	»	»	21	»
	A reporter	2	14	»	4	28	38	»	81	89	»	35	93	1	47	27	3	27	08	»	44	02	12	79	47

	NOMS des PROPRIÉTAIRES	SURFACES DÉTRUITES EN								
		1885			1886			1887		
		H.	A.	C.	H.	A.	C.	H.	A.	C.
	Report	2	14	»	4	28	38	»	81	89
9	Quijada, Pepa (veuve Avillant)	»	»	»	»	»	»	»	»	»
9	Garroust, Gustave	»	»	»	»	»	»	»	»	»
9	La commune de Bel-Abbès	»	»	»	»	»	»	»	»	»
10	Gouzin, Aristide	»	»	»	»	»	»	»	»	»
10	Thiedey	»	»	»	»	»	»	»	»	»
10	Defay	»	»	»	»	»	»	»	»	»
10	Veuve Saurel	»	»	»	»	»	»	»	»	»
10	Théus, Eugène	»	»	»	»	»	»	»	»	»
11	Veuve Terrier	»	»	»	»	»	»	»	»	»
11	Boom	»	»	»	»	»	»	»	»	»
11	Spesth, Chrétien	»	»	»	»	»	»	»	»	»
11	Veuve Saunier	»	»	»	»	»	»	»	»	»
»	TOTAUX	2	14	»	4	28	38	»	81	89

	NOMS des PROPRIÉTAIRES	VERTU DE LA LOI DE 1883 EN:														
		1888			1889			1890			1891			TOTALES		
		H.	A.	C.	H.	A.	C.	H.	A.	C.	H.	A.	C.	H.	A.	C.
	Report	»	35	93	1	47	27	3	27	98	»	44	02	12	70	47
9	Quijada, Pepa (veuve Avillant)	»	»	»	»	»	»	»	10	56	»	»	»	»	10	56
9	Garroust, Gustave	»	»	»	»	»	»	»	05	»	»	»	»	»	05	»
9	La commune de Bel-Abbès	»	»	»	»	»	»	»	02	10	»	»	»	»	02	10
10	Gouzin, Aristide	»	»	»	»	»	»	»	19	»	»	»	»	»	19	»
10	Thiedey	»	»	»	»	»	»	»	20	23	»	»	»	»	20	23
10	Defay	»	»	»	»	»	»	»	04	18	»	»	»	»	04	18
10	Veuve Saurel	»	»	»	»	»	»	»	03	78	»	»	»	»	03	78
10	Théus, Eugène	»	»	»	»	»	»	»	06	09	»	»	»	»	06	09
11	Veuve Terrier	»	»	»	»	»	»	»	»	»	»	32	40	»	32	40
11	Boom	»	»	»	»	»	»	»	»	»	»	01	51	»	01	51
11	Spesth, Chrétien	»	»	»	»	»	»	»	»	»	»	01	61	»	01	61
11	Veuve Saunier	»	»	»	»	»	»	»	»	»	»	04	60	»	04	60
»	TOTAUX	»	35	93	1	47	27	3	98	92	»	84	14	13	90	53

Dans le tableau qui précède, nous avons groupé les propriétaires d'après la distribution des taches qui, nous l'avons déjà dit, sont toutes comprises, sauf celle de Sidi-Lhassen, dans les 500 hectares de vignes qui entourent la ville.

Il y a deux centres principaux datant de 1885 et 1886 : celui de Célestin Cédat et celui de Llopis, et des foyers secondaires : celui de Sidi-Lhassen découvert en 1891 est situé à 6 kilomètres des centres, celui de Quijada à 2 kilomètres, celui du Camp des Spahis à 2 kil. 500 et ceux des jardins de la ville à 1 kilomètre environ. Tous ces foyers éloignés ont été découverts en 1890, à l'exception de celui du Camp des Spahis qui date de 1889. Il est à remarquer qu'aucune souche phylloxérée n'a plus été trouvée autour de ces foyers détachés.

On a pu déjà constater, par la lecture du tableau ci-dessus, que tous ces foyers sont en somme peu importants, puisqu'au total, la surface détruite ne dépasse guère 14 hectares, c'est-à-dire qu'en moyenne, depuis l'origine, on a arraché 2 hectares par an. Il est fâcheux que l'on n'ait pas conservé une statistique exacte de toutes les souches reconnues phylloxérées.

Il eut peut-être été possible d'établir ainsi, en quelque sorte, la filiation des taches et de mieux apprécier les résultats des opérations effectuées.

Nous donnons ci-après les chiffres qu'il nous a été possible de nous procurer :

NOMS DES PROPRIÉTAIRES PHYLLOXÉRÉS	PIEDS morts	PIEDS dépérissants	PIEDS phylloxérés
Quijada.	50	150	200
Bellat.	»	»	23
Commune de Bel-Abbès	3	plusieurs	14
Théus	»	»	7

NOMS DES PROPRIÉTAIRES PHYLLOXÉRÉS	PIEDS morts	PIEDS dépérissants	PIEDS phylloxérés
Veuve Saurel.	»	»	10
Garroust	»	»	25
Gouzin	20	plusieurs	150
Thiedey.	»	id.	70
Defay.	»	»	7
Perret, Anthelme	»	»	103
Llopis	»	»	10
Manuel, Jean (Camp des Spahis).	2	»	38
Veuve Terrier (Sidi-Lhassen). .	30	200	366
Veuve Saunier id.	»	»	14
Boom id.	»	»	10
Spesth id.	»	»	1

Les autres taches découvertes en 1890 n'ont généralement pas présenté de dépérissements.

Recherches

On voit clairement par les chiffres ci-dessus que, d'une manière générale, le mal a été pris assez à temps, mais on voit aussi, par le nombre de souches mortes constatées dans certaines taches, lors de la découverte, qu'il eût été possible de faire mieux encore.

Le Syndicat, à qui incombe la charge des recherches,

n'a peut-être pas suffisamment consacré de temps en recherches générales à l'étude du vignoble entourant les foyers dans un rayon d'environ 1 kilomètre. Il semble, en effet, difficile qu'une tache comme celle de Quljada ait pu échapper, en 1889, attendu qu'elle comptait 50 pieds morts et 150 dépérissants, lors de sa découverte en 1890. Il en est de même de la tache Gouzin, dans les jardins de la ville, et de celle de la veuve Terrier à Sidi-Lhassen. Nous en avons fait l'observation à l'ancien expert, M. Lacretelle, à qui incombe, en partie, la responsabilité morale dans cette circonstance. Il nous a répondu que pour exécuter les visites générales, on assignait aux experts un temps limité et d'ordinaire trop court. Cette opinion pouvant être discutée, nous avons interrogé d'autres experts du Syndicat sur le travail qui leur était assigné au moment même où nous étions sur place. Il nous a été répondu qu'en effet un délai déterminé leur était fixé pour l'achèvement de leurs visites générales, en rapport avec la surface à visiter et que, en moyenne, ils se trouvaient ainsi avoir à inspecter 20 hectares par jour. Il est clair qu'en raison des nombreux points de dépérissement existant dans le vignoble de Bel-Abbès et dont nous avons parlé plus haut, cette moyenne de 20 hectares par jour, dans une région suspecte, est de beaucoup trop élevée. Pour peu que l'expert ait à fouiller seulement 10 pieds par hectare, il se trouverait dans l'obligation d'en examiner à la loupe 200 dans sa journée, ce qui est bien difficile, si on veut bien faire.

Nous ferons à l'organisation des recherches un autre reproche concernant particulièrement les recherches méthodiques. On fouille pied par pied autour des taches, dans un rayon uniforme de 20 mètres. L'un de nous, il y a deux ans, a déjà critiqué (1) cette méthode, alors cependant que l'on fouillait dans un rayon de 40 mètres. D'une

---

(1) J.-D. CATTA : Visites aux foyers phylloxériques du département d'Oran (*Bulletin du Syndicat de défense contre le phylloxera du département d'Alger*, n° 27, juillet 1889, page 319).

manière générale cette zone est trop restreinte. Nous citerons une preuve palpable à l'appui de cette opinion. Il ne fait pas de doute que si en 1889, lors de la découverte de l'une des taches Llopis, on avait étendu plus loin les recherches pied par pied, on aurait reconnu plus tôt la pléiade de petites taches constatées en 1890 chez Francisco Pascal, chez Rodriguez et chez Lapuerta et qui se trouvent précisément à 40 mètres de la dite tache Llopis.

En outre, il serait indispensable d'augmenter la largeur de la zone dans la direction des essaimages qui est indiquée par la position relative des taches. C'est ainsi que la tache Pedro Robiez, découverte en 1889 entre les taches Jauffret et Llopis, à une cinquantaine de mètres de chacune d'elles, aurait pu, selon toute probabilité, être découverte en 1888, si les recherches pied par pied avaient été pratiquées sur toute l'étendue, entre les foyers Jauffret et Llopis.

Enfin, il est extrêmement fâcheux que l'on ait admis et fait entrer dans les habitudes des viticulteurs de la région, de suspendre les recherches pendant le mois de juillet, c'est-à-dire à une époque de l'année où les essaimages ont commencé. On reprend, il est vrai, les recherches en automne, mais, par ce système, des vignes sur lesquelles des ailés sont arrivés pendant l'été paraîtront indemnes alors qu'elles porteront des œufs d'hiver sous leurs écorces. Ces vignes ne pourront être reconnues phylloxérées que l'année suivante, quelquefois même deux ans après seulement. C'est là la cause évidente des petites éclaboussures souvent constatées autour de foyers qui auraient été certainement éteints sans cela. Nous citerons, parmi d'autres, un exemple frappant, celui des petites taches Quijada, découvertes en 1891, en contact direct avec la grande tache mise à jour et traitée seulement à l'automne 1890. Si les recherches avaient été pratiquées en juillet, elle eût été reconnue trois mois plus tôt et les essaimages qu'elle a fournis à coup sûr avant d'être détruite n'eussent pas engendré les taches de 1891.

La suspension des recherches en juillet laisse encore libre cours à un autre mode de dissémination du phylloxera et qui n'est pas des moins dangereux. Nous voulons parler de la circulation à l'air libre des jeunes radicicoles qui a lieu principalement en juillet-août. Ces jeunes radicicoles n'ayant pas encore mangé, très légers, très agiles, sortent de terre par les fissures du sol et cheminent à la surface ou sont emportés par les vents. L'expérience de M. Faucon à ce sujet est bien connue : par un fort vent du nord-est, sur le bord d'une vigne où circulaient beaucoup de ces jeunes aptères, il a fixé au sommet d'un piquet de deux mètres une planchette de 25 centimètres sur 20 centimètres recouverte d'une feuille de papier huilé. Au bout de quelques heures, dix-neuf jeunes aptères étaient fixés sur le papier qui fut envoyé à l'Académie des sciences.

Nous ne saurions donc trop insister sur les dangers résultant de l'abandon des recherches au mois de juillet.

Pour terminer nos observations, en ce qui concerne les recherches, nous devons mentionner les plaintes que nous avons recueillies sur la manière dont les opérations avaient été effectuées les années précédentes. Le personnel subalterne laissait paraît-il à désirer, n'était pas suffisamment surveillé et l'on nous a montré, dans divers vignobles, de nombreuses souches tuées uniquement par manque de soin dans l'exécution des fouilles, comme par exemple par la section inutile des racines maîtresses. Il faut reconnaître que le Syndicat s'est préoccupé de la situation ; il a renoncé au système des experts locaux pour employer des agents dépendant directement de la Direction d'Oran n'ayant pas d'attaches dans le pays. L'expérience a démontré, en effet, au Syndicat d'Oran, que l'emploi des experts locaux, fussent-ils excellents comme l'étaient ceux de Bel-Abbès, offre des inconvénients trop graves et trop nombreux, sur lesquels nous n'avons pas besoin d'insister ; aussi tout le monde s'accorde-t-il à dire que, cette année, les recherches ont été effectuées dans de bien meilleures conditions. Il serait à souhaiter encore qu'au moins pour les recherches générales, on n'employât que des experts ayant vu des taches phylloxériques et en connaissant bien tous les caractères extérieurs, de manière à pouvoir les distinguer à première vue des dépérissements occasionnés par d'autres maladies. Cette éducation de l'œil ne peut s'obtenir dans un pays où les taches phylloxériques, détruites dès leur découverte, ne se montrent jamais sous leur véritable aspect. Il faut aller pour cela dans les pays pleinement envahis, et le vignoble de Philippeville s'offre malheureusement aujourd'hui comme un vaste champ d'études. Notre critique ne vise, bien entendu, que certains experts du Syndicat d'Oran qui, tout en connaissant très bien l'insecte sur les racines, ne sont pas familiarisés avec l'aspect extérieur de la tache. Peut-être est-ce là la cause de la découverte tardive de la tache de Sidi-Lhassen. Hâtons-nous d'ajouter que nous avons rencontré des experts possédant toutes les connaissances voulues et qui sont véritablement des agents accomplis.

Il resterait encore, à notre avis, à apporter une autre modification aux travaux de recherches, celle de l'outillage employé. La pioche plate ou sape, dont on se sert couramment, coupe beaucoup trop de racines. Elle pourrait être avantageusement remplacée par un instrument spécialement construit, ayant d'un côté la sape et de l'autre le crochet ou bident.

Malgré les critiques que nous venons de formuler et à cause des améliorations que le Syndicat a apportées cette année dans son service de surveillance, nous avons cru pouvoir nous dispenser d'organiser nous-mêmes un grand chantier de recherches pour répondre à la préoccupation que le Conseil général formulait ainsi : *N'y a-t-il pas dans la région de Bel-Abbès des taches dont l'existence n'aurait pas été révélée encore et qui donneraient à la situation une gravité exceptionnelle?*

Nous considérons que les opérations du Syndicat,

aujourd'hui terminées, n'auraient pu être pratiquement recommencées par nous.

Nous ne pouvions songer à créer, à la fin de juin, un nouveau service de recherches arrivant dans le vignoble immédiatement après celui du Syndicat, chez des propriétaires auxquels on a malheureusement donné l'habitude de suspendre toute opération au mois de juillet et qui nous auraient opposé une résistance sérieuse.

Nous pouvons d'ailleurs accepter le bénéfice de ces recherches syndicales qui, nous l'avons déjà dit, ont été effectuées cette année dans de meilleures conditions que les années passées.

Nous nous sommes donc appliqués à effectuer de simples observations de contrôle. C'est ainsi que nous avons visité d'une manière spéciale les bords des taches et les intervalles qui les séparent, en nous attachant autant que possible à fouiller au pied des ceps qui ne portaient pas trace de fouilles antérieures. Nous avons aussi consacré une grande partie de notre temps à inspecter le plus grand nombre possible de points de dépérissement. Dans aucune de ces fouilles de contrôle nous n'avons trouvé le phylloxera.

Nous avons donc de fortes présomptions pour croire que, si on découvre, à l'automne prochain, de nouvelles taches phylloxériques dans la commune de Bel-Abbès, elles se réduiront à des éclaboussures des anciennes taches ayant pris naissance par le mécanisme expliqué plus haut et que les recherches de printemps sont incapables de faire découvrir.

Traitements

Notre arrivée à Bel-Abbès ayant coïncidé avec les dernières découvertes de taches phylloxériques qui se sont produites cette année, il nous a été possible d'assister aux opérations d'extinction qui sont effectuées suivant la méthode connue. Nous n'avons qu'une critique à faire à leur sujet, un trop grand nombre de repousses se produisent chaque année. Nous avons visité soigneusement l'emplacement de chacune des anciennes taches et, comme on peut le voir par le tableau ci-dessous, nous avons trouvé des vignes traitées en 1889, 1890 et même en 1891, qui avaient émis des repousses :

PROPRIÉTAIRES chez lesquels on a trouvé des repousses	ANNÉE du traitement de la parcelle	NOMBRE de repousses
Perret, Anthelme, à Gambetta . . .	1890	10
Id. id. . . .	id.	3
Id. à la ferme	id.	9
Id. id.	id.	6
Id. id.	1891	4
Id. id.	id.	4
Jauffret	1889	2
Quijada	1890	5
Id.	id.	6
Garroust.	id.	1
Thicdey	id.	4
Defay	id.	1
Perret, Jean	id.	1
André.	1889	1
Id.	id.	25
Id.	id.	8
Id.	1890	5
Alberge	1889	1
Garcia, Roblez.	id.	1
Llopis	1891	2
Lapuerta	1890	8
Rodriguez.	id.	2
Total		109

Si le contrôle général des opérations était plus effectif, ces repousses auraient été supprimées depuis longtemps. Malheureusement M. Quercy, chef actuel du Service dans le département, ne peut pas tout voir, malgré toute sa bonne volonté.

Nous avons examiné d'une manière complète, après arrachage, chacune de ces 109 repousses et sur aucune il n'existait de phylloxera. Il ne faut donc pas s'inquiéter outre mesure de ces réapparitions de végétation, constatées un peu partout, dans les pays où s'opèrent les traitements d'extinction, et que l'un de nous, notamment, a vu se produire en Suisse. La meilleure solution à donner à cette question des repousses serait d'adopter une bonne fois la règle de conduite que l'un de nous (1) préconisait, dès 1887, dans les termes suivants :

J'estime que si on offrait au propriétaire d'entrer le plus rapidement possible en possession de son terrain, il n'hésiterait pas à fournir la main-d'œuvre pour effectuer, sous les yeux des agents, un défoncement profond et un triage sérieux, des racines destinées à être immédiatement brûlées ; on effectuerait de la sorte, presque sans frais, une dernière opération de destruction la plus sûre de toutes, et en même temps une précieuse vérification des résultats de la désinfection sulfo-carbonique.

Quelque fâcheuse qu'ait été la constatation de ces nombreuses repousses, elle a eu son utilité en montrant d'une manière certaine l'efficacité des traitements.

Si nous n'avons pas constaté d'autres irrégularités dans l'exécution des opérations, nous avons cependant recueilli, de la bouche des viticulteurs les plus sérieux, les plaintes les plus vives au sujet de la manière d'opérer du Service phylloxérique de l'État (2), pendant les années

(1) J.-D. Catta : Visites aux foyers phylloxériques de Philippeville et de La Calle (*Bulletin de défense contre le phylloxera du département d'Alger*, n° 8, décembre 1887, page 396).

(2) Il est regrettable que l'agent de Bel-Abbès, dont la conduite a soulevé des plaintes à peu près unanimes et méritées, ait été maintenu dans le Service phylloxérique de l'Algérie et simplement déplacé.

précédentes. Ce sont évidemment ces plaintes dont l'écho se retrouve dans le procès-verbal de la session du Conseil général. Il est remarquable de constater que les reproches formulés contre le Service de l'État, à Bel-Abbès, sont exactement les mêmes que ceux qui lui ont été adressés à Philippeville. Quand on songe à ce qui s'est passé dans cette dernière localité, il faut convenir qu'il n'était que temps de modifier le personnel à Bel-Abbès.

On a parlé d'imprudences commises sur les chantiers d'extinction, comme transport de souches destinées à l'incinération, à travers les vignes indemnes, manque de surveillance grâce auquel les ouvriers auraient pu se servir de mottes de terre et même de souches phylloxérées, en guise de projectiles dans leurs jeux, etc. Une enquête complète sur tous ces faits eût été difficile et peu profitable, l'agent local ayant été déplacé ; mais voici la déclaration qui nous a été faite par M. Perret, l'un des viticulteurs les plus importants de Bel-Abbès, maire de la commune et membre du Syndicat : le lendemain de l'exécution du traitement d'extinction, dans l'une des taches de son vignoble, on a trouvé, au milieu des vignes saines, à quelques mètres de la tache détruite, une souche coupée qui provenait du terrain infecté, comme on s'en est assuré en rapprochant les sections. On a dû, dès lors, détruire un certain nombre de pieds de vigne autour de l'emplacement où avait été trouvée cette souche comme s'il se fût agi d'une nouvelle tache phylloxérique. Il est hors de doute que, si les faits de ce genre ont été nombreux, ils ont dû puissamment contribuer à aggraver le mal.

Les zones de protection suffisantes, dans certains cas, ne le sont pas dans d'autres et l'on a tort de ne pas tenir compte du nombre de pieds atteints, de la direction générale que suit le fléau dans sa marche et de la position des taches nouvellement découvertes, par rapport aux anciennes. En règle générale, une tache nouvelle importante, très éloignée des autres, doit être entourée d'une zone de protection très large, tandis que cette zone pourra être très petite autour de l'éclaboussure d'une tache ancienne.

Le Conseil général s'est demandé s'il y aurait avantage, au point de vue de l'efficacité de la lutte, à placer dans la même main, le Service des recherches et celui des traitements d'extinction.

La dualité du Service produit assurément une certaine émulation dont les résultats peuvent parfois être heureux, mais elle peut aussi produire, et cela s'est vu souvent, un antagonisme ayant pour résultat des retards dans l'extinction des taches. Nous avons vu malheureusement des agents de l'État en lutte avec le Syndicat et les conséquences les plus graves en résultent.

La réunion des deux Services sous une seule et unique direction, en écartant définitivement toutes ces éventualités, présenterait encore un autre avantage, celui d'apporter une économie sérieuse dans les frais de la lutte. Un seul chef local peut en effet diriger aussi bien les chantiers de recherches que les chantiers de destruction. De plus, l'institution luxueuse des *délégués adjoints* que l'on a placés à la tête de chaque arrondissement et qui n'ont autre chose à faire, dans toute l'année, que d'éteindre les rares foyers découverts, se trouverait ainsi justifiée.

Indemnités

La question des indemnités à accorder aux propriétaires dont on détruit les vignes dans l'intérêt public, devrait être tranchée depuis longtemps; c'est faute de lui avoir donné, dès l'origine, une solution équitable que Philippeville a été perdu et qu'à un moment donné on a pu se demander si Bel-Abbès ne l'était pas également.

Cette année-ci, grâce à l'établissement de la Commission interdépartementale des indemnités qui a siégé à Alger, au mois de mars, les sommes accordées se sont élevées à un taux raisonnable. Les viticulteurs de Bel-Abbès ont reçu, en effet, en moyenne, 1,420 francs par hectare de vignes détruites. Cependant ce chiffre est encore insuffisant pour certains d'entre eux. Comme nous l'avons dit dans une autre partie de ce rapport, les petits propriétaires des jardins entourant la ville qui possèdent des vignes en treilles, relativement importantes, tirent de ces vignes, en une seule année, par la vente du raisin de table, un produit bien supérieur au chiffre de l'indemnité. Or, l'interdiction de culture est de cinq ans et la perte causée par la destruction d'une treille longue et coûteuse à édifier se complique de celle des échalas. Un dédommagement de 1,400 francs est donc pour eux la ruine.

Ici se pose la question de savoir qui doit supporter l'excédant de dépenses occasionné par l'accroissement des indemnités. Légalement, d'après la loi de 1883, la réponse ne fait pas de doute, c'est l'État qui doit subvenir à ces dépenses. En fait, cependant, on peut craindre, dans les circonstances actuelles, que le Trésor public ne continue à se montrer parcimonieux à l'excès. Le Syndicat d'Alger, sous l'empire de cette crainte, a essayé de constituer avec la taxe un excédant de recettes destiné à devenir le point de départ d'un fonds de réserve. Les viticulteurs, au moins en partie, paraissent hésiter à entrer dans cette voie. Dans le département d'Oran, ils se sont catégoriquement prononcés contre.

D'autre part, nous avons reconnu que le Syndicat devait perfectionner ses Services et, par conséquent, augmenter ses dépenses. Dans ces conditions, il paraît bien difficile de demander à la taxe une part contributive importante pour augmenter l'indemnité des propriétaires. Elle ne pourrait y concourir, dans une mesure sensible, que si on la maintenait définitivement au maximum fixé par la loi de 1886, c'est-à-dire, à 5 francs par hectare.

L'idée émise au sein du Conseil général d'imposer une charge à tous les contribuables, en faisant intervenir le budget départemental pour parfaire les indemnités, nous paraît juste.

Tout le monde, dans le pays, est matériellement intéressé au salut de la viticulture. Dans tous les cas, le budget départemental pourrait rendre un service important. Les indemnités accordées par l'État arrivent toujours très tardivement; le colon, privé de sa récolte pendante, subit une perte souvent irréparable par suite des engagements pris. Le remède consisterait à lui faire, aussitôt après destruction de sa vigne, l'avance de cette récolte pendante. Le département pourrait consacrer un fonds de roulement à ces opérations et se rembourserait sur l'indemnité accordée par l'État. L'avance faite par le Conseil général, *pour un an*, aurait de plus l'avantage de fournir à l'État une base précieuse pour déterminer l'importance de l'indemnité définitive fixée par la loi à la valeur de trois récoltes.

Sidi-Lhassen et Zélifa

Tout ce que nous avons dit concernant le vignoble de Bel-Abbès peut s'appliquer aux taches de Sidi-Lhassen et de Zélifa; cependant nous devons spécialement consacrer quelques lignes à chacun de ces deux points d'attaque.

Nous avons dit pour quelles raisons nous considérions Sidi-Lhassen comme faisant partie du foyer de Bel-Abbès. L'origine de cette tache n'a pu être établie. On a cru tout d'abord devoir lui attribuer une certaine ancienneté parce qu'il s'y trouvait des pieds dépérissants; seulement nous avons constaté que la principale vigne atteinte, celle de la veuve Terrier, comptait un très grand nombre de souches affaiblies par d'autres causes que le phylloxera, notamment par le pourridié, l'ancienneté ne nous paraît donc pas prouvée. L'invasion par essaimage paraît peu probable et nous ne serions pas éloignés d'admettre que la contamination s'est faite par apport humain. En effet, il est à remarquer que la tache Terrier est située à l'un des angles du rectangle formé par la vigne, sur le passage des deux principales routes du village, à côté de l'emplacement où campent habituellement de nombreux travailleurs marocains employés aux travaux des champs.

Si, comme on s'accorde à le dire dans le pays, les chantiers de recherches ou de traitements ont été, à une certaine époque, assez mal surveillés, on peut admettre aisément que quelque ouvrier, par négligence ou malveillance, ait pu transporter là l'insecte. Concernant cet apport humain évident, on peut dire qu'il confirme une fois de plus la règle presque constante des premiers foyers faisant leur apparition tout près des centres habités, d'où la nécessité de prendre, en toutes circonstances, les mesures les plus rigoureuses pour restreindre le plus possible le rôle si grave que joue l'homme lui-même dans la dissémination du mal.

En ce qui concerne Zélifa, qui constitue un foyer réellement distinct de celui de Bel-Abbès, nous dirons simplement qu'il n'en serait probablement plus question depuis longtemps si l'on s'était montré moins parcimonieux pour la destruction de la vigne Kin-Vandelin. On n'aurait pas eu cette année le désagrément de voir le fléau gagner la vigne Perrin. Par sa situation éloignée des grands centres viticoles, Zélifa ne nous paraît pas constituer une menace grave pour l'arrondissement de Bel-Abbès. Il y aurait néanmoins intérêt à tailler largement dans ce vignoble d'une centaine d'hectares afin d'éteindre définitivement ce foyer, ce qui nous paraît très faisable.

Conclusions

Sous ce titre nous comprendrons ce que nous avons à dire de l'idée émise, au sein du Conseil général, concernant l'abandon de la lutte et l'introduction à Bel-Abbès des vignes américaines.

Nous ne pouvons certainement être soupçonnés d'être les ennemis des cépages d'outre-mer, l'un de nous appartient, en effet, à l'école de Montpellier qui se fera toujours un honneur d'avoir largement contribué à la reconstitution du vignoble français par les cépages américains. Il fut même taxé, à une époque déjà éloignée, d'être américaniste à l'excès.

Cependant nous sommes d'avis que, lorsqu'un pays n'est pas plus contaminé que ne l'est la région de Bel-Abbès, l'exclusion des vignes américaines s'impose. Les introduire, même sous forme de semis, serait dangereux pour un arrondissement qui, sur 4,500 hectares de vignes, n'en a pas encore perdu 15.

Les vignes américaines, même venues de semis, sont dangereuses dans un pays à défendre, par la raison qu'étant résistantes elles peuvent dissimuler l'insecte. Une fois les semis autorisés, comment empêcher le commerce clandestin des sarments ? C'est l'impossible !

De plus les vignes américaines, principalement les Riparia, portent dans leur jeune âge, avant qu'elles soient greffées, un grand nombre de galles phylloxériques sur leurs feuilles. Or, la forme gallicole de l'insecte se multiplie d'une façon extraordinaire, dans la proportion de 5 à 1 par rapport à la forme souterraine ; aussi l'un de nous l'a-t-il désignée sous le nom de forme multiplicatrice (1). On ne doit songer à l'introduction des

(1) Valéry Mayet : *Les insectes de la vigne*, page 62.

vignes américaines dans un pays que lorsqu'on renonce définitivement à défendre les vignes d'Europe qui s'y trouvent, tel est le cas de Philippeville.

Si nous sommes opposés, pour le moment, à l'introduction des vignes américaines à Bel-Abbès, nous ne sommes pas d'avantage d'avis qu'il y ait lieu de procéder à des destructions exagérées et de sacrifier, comme on l'a dit au Conseil général, des surfaces de protection pouvant atteindre jusqu'à 300 hectares. Nous avons dit plus haut comment on devait procéder pour la détermination des zones de protection. Si nos idées sont adoptées, c'est à la campagne prochaine seulement qu'on pourra les mettre en pratique. Il serait, en effet, légalement impossible de détruire aujourd'hui, fût-ce même autour des taches, des vignes qui n'ont pas été reconnues phylloxérées.

Est-il besoin de répéter que nous avons confiance dans les opérations d'extinction ? Tout ce que nous venons d'exposer dans ce rapport le prouve. Si elles sont bien conduites, malgré une certaine dissémination des taches qui constitue le caractère le plus grave de la situation de Bel-Abbès, on peut espérer que ce vignoble pourra compter encore de longues années de prospérité. Cette confiance, nous ne sommes pas seuls à la posséder. A Sidi-bel-Abbès, certains propriétaires, chez lesquels des opérations de destruction ont été effectuées, la partagent si bien qu'ils n'hésitent pas à planter des vignes autour et même sur l'emplacement des anciennes taches. M. Célestin Cédat a planté cette année-ci le terrain où furent pratiquées les premières destructions de 1885 et dont il avait, de par la loi, la libre disposition. M. Llopis attend impatiemment pour l'année prochaine, l'expiration du délai légal des cinq ans pour imiter son voisin. Enfin, M. André, l'un des plus grands propriétaires de vignes de l'arrondissement, membre du Conseil général, possède, en contiguïté avec les anciennes taches, des vignes assez étendues qui sont à leur troisième et quatrième feuille et qui, par conséquent, furent plantées postérieurement à l'invasion voisine. Nous avons examiné avec soin toutes ces plantations récentes et nous n'y avons rien vu de suspect.

Ces propriétaires ont depuis sept ans sous les yeux les résultats obtenus par les travaux d'extinction et l'expérience des faits accomplis leur inspire le ferme espoir de garder longtemps encore, leurs vignes anciennes et nouvelles, à la condition qu'il ne soit rien livré au hasard dans la lutte contre l'invasion.

Nous croyons, Monsieur le Président et Messieurs les Membres de la Commission d'études, avoir répondu, dans le présent rapport, à tous les desiderata exprimés au sein de l'Assemblée départementale. Nous serons heureux si nous pouvons penser avoir pu contribuer à éclairer le Conseil général et à lui inspirer des décisions utiles au pays.

Les Délégués du Conseil général du département d'Oran,

CATTA. — VALÉRY MAYET.

ÉTUDES VITICOLES

RAPPORT

SUR LA QUESTION PHYLLOXÉRIQUE

SUITE au Rapport de MM. Valéry MAYET et CATTA

Délégués du Conseil général du département d'Oran

PAR

M. Victor SÉBASTIAN

Secrétaire de la Commission d'études du Conseil général du Département d'Oran

Le rapport de MM. Valéry Mayet et Catta, sur la situation phylloxérique de Sidi-bel-Abbès, rassurera les viticulteurs oranais. Nous ne pouvons qu'appuyer les sages conclusions de ces observateurs expérimentés ; mais, ceci dit, nous croyons utile de formuler quelques objections que la lecture de ce document nous a suggérées. Elles contribueront à élucider certaines questions intéressant la pratique viticole. Nous essayerons ensuite de faire comprendre les mœurs et les moyens de propagation du phylloxera en prenant pour base son cycle biologique...... enfin, après avoir discuté l'introduction des cépages américains par semis ou par boutures, montré clairement ses dangers, nous exposerons brièvement nos idées sur la continuation de la lutte.

MM. Valéry Mayet et Catta rapportent à trois causes principales les dépérissements, non phylloxériques, qui se montrent « çà et là, pouvant faire, de primo abord, » croire à une extension considérable de l'insecte..... »

1° *Absence de phosphates dans le sol;*

2° *Fréquence du grenache ou alicante;*

3° *Pourridié.*

1° — Sur le premier point, MM. les Experts s'expriment ainsi :

« ... Les coteaux et les mamelons de couleur blanche » sont constitués par des couches tertiaires appartenant » au Suessonien supérieur. D'après M. Pomel, cet étage est » composé de marnes formant la couche arable avec » intercalation de bancs calcaires et de nombreux gru- » meaux de même substance. Ces terres renferment des » rognons de phosphate de chaux sous forme de copro- » lithes... »

« ... *Il est probable que les points de dépérissement* » *que nous avons signalés correspondent à des emplace-* » *ments où manquent ces phosphates.* »

Nous ne le croyons pas, car toutes les observations, toutes les expériences faites jusqu'à ce jour, contredisent cette hypothèse.

La vigne est une plante vivace dont les racines prennent un grand développement et agissent sur un énorme cube de terre. C'est pour ce motif qu'elle peut vivre et prospérer dans toutes les formations géologiques. Les sables marins, les sables d'eau douce, les calcaires jurassiques de l'Hérault, les calcaires crayeux de la Champagne, les granits des côtes du Rhône, du Beaujolais, etc., portent des vignobles renommés et fertiles.

Chaque végétal, suivant sa nature, a des besoins physiologiques particuliers. La vigne est avide de potasse — élément régulateur de la quantité et de la qualité du raisin. Lorsque la potasse manque, les ceps sont rabougris et incapables de produire. L'azote est un élément très utile, mais subordonné; son absence provoque le jaunissement des feuilles. Quant à l'acide phosphorique, on sait que sa suppression, presque totale, n'affecte pas au même degré la santé et la fertilité de la plante.

Il est avéré que les terres calcaires possèdent toujours assez d'acide phosphorique pour subvenir aux besoins de la vigne. Nous connaissons certains calcaires tertiaires dans lesquels on ne trouve, par exception, que des traces d'acide phosphorique et qui sont néanmoins favorables à la culture de la précieuse ampélidée. J'ajoute que, si l'opinion de MM. Valéry Mayet et Catta était fondée, il suffirait d'un apport de phosphates pour guérir le mal. Tel n'est point le cas.

La principale cause du dépérissement de la vigne — *chlorose* et *rachitisme* — dans la région de Bel-Abbès, doit être attribuée souvent à la présence dans le sol d'un tuf calcaire, plus ou moins friable, c'est-à-dire à un excès de *carbonate de chaux*.

Les cépages du *vitis vinifera* que nous cultivons sont — parmi les cépages du monde entier — ceux qui manifestent la plus grande résistance à l'action de cet élément minéral. Cette remarquable faculté d'adaptation offre naturellement plusieurs degrés, suivant le cépage et l'état physique du calcaire. Elle atteint son *minimum* chez les vignes américaines connues. Les terres très calcaires, mais sableuses, sont beaucoup moins réfractaires que les calcaires friables. On évitera des difficultés parfois insurmontables et toujours onéreuses, en plaçant la vigne dans les conditions de sol qui lui conviennent.

2° — A propos des dépérissements constatés sur le grenache, MM. Valéry Mayet et Catta s'expriment en ces termes :

« ... Nous avons pu constater bien des dépérissements
» dus à la fréquence de l'alicante ou grenache dans le
» vignoble de Bel-Abbès..... L'expérience acquise dans le
» département d'Alger montre ce plant comme ne pou-
» vant pas vivre longtemps dans certaines parties de
» l'Algérie. »

Cette observation, fort exacte, vient confirmer nos dires d'une façon inattendue.

Le grenache, alicante ou bois jaune, est un cépage méridonial très vigoureux dont la souche devient rapidement énorme dans les sols qui lui sont favorables. Il prospère dans les grès rouges, dans les marnes siliceuses colorées par l'oxyde de fer, dans les falaises granitiques de Banyuls, pauvres en *acide phosphorique*, mais riches en potasse, comme la plupart des terres granitiques. C'est le plant par excellence des terrains primitifs, rares en Algérie. Il s'use vite dans les alluvions fraiches et s'adapte mal en présence du carbonate de chaux friable. On lui reproche, en outre, d'être sujet à la coulure.

Nous possédons une variété de grenache à bois rouge — assez répandue dans l'arrondissement de Mascara — qui n'est pas sujette à cet accident; mais, avant de la propager dans les milieux favorables, il faudrait entreprendre quelques essais de vinification séparée pour connaître sa valeur œnologique.

Le grenache à bois jaune donne un vin fin, distingué, alcoolique, mais jaunissant promptement. Sa matière colorante rouge est très sensible à l'action de l'oxygène de l'air; elle disparait vite sous l'influence de ce gaz, se dépose dans les lies et laisse dominer la matière colorante jaune moins oxydable.

D'une manière générale, l'élévation de la température active les phénomènes d'oxydation qui attaquent les principes colorants du vin. Les viticulteurs algériens désireux de conserver à ce liquide la coloration rutilante et la verdeur que le commerce recherche doivent, en principe, le placer dans des futailles d'une grande capacité, hermétiquement closes, et le soutirer autant que possible à l'abri du contact de l'air. Sous ce rapport, nous sommes persuadés que les récipients perfectionnés de M. Carette, colonel du génie, construits en terre cuite vernissée, sont appelés à rendre de grands services dans les parties chaudes de la région tellienne.

Le grenache, surtout la carignane, le mataro (on dit aussi : mourvèdre, espar, balzarc, en France, — tintillo, murviedo, en Espagne) et le morastel, forment la base du vignoble de Bel-Abbès. Ces deux derniers cépages ne sont pas également répandus. On les estime à cause de leur débourrement tardif qui les met à l'abri des gelées printanières et assure une production régulière. Il est très difficile de les différencier. Le caractère distinctif le plus typique nous semble donné par les jeunes feuilles : celles du morastel sont d'un roux brun et luisantes, tandis que celles du mataro, couvertes sur les deux faces d'un tomentum abondant, paraissent blanches.

La qualité du vin dépend de plusieurs facteurs. L'action physiologique du ferment imprime un cachet spécial au liquide fermentescible ; son influence est prépondérante sur la finesse et le bouquet, mais la composition chimique du grain de raisin possède aussi une haute importance. La force, la vinosité, la couleur du liquide, dépendent surtout de la nature du plant et ensuite du sol, du climat, de l'exposition, etc. Le viticulteur peut disposer, presque à volonté, des facteurs les plus essentiels — le *cépage* et le *ferment*. — C'est là ce qu'il faut retenir.

Qu'il me soit permis d'ajouter, à ce propos, qu'un trop grand nombre de cépages inférieurs encombrent nos vignobles au détriment de la qualité et de la quantité des produits. C'est une preuve irrécusable de routine et d'indifférence. Nous ne saurions trop recommander de choisir exclusivement les boutures sur les ceps robustes, sains et fertiles.

La pratique viticole possèdera des renseignements précieux, lorsque chaque cépage aura été étudié, dans les différents milieux, au point de vue économique et œnologique.

3° — Relativement au *pourridié*, MM. Valéry Mayet et Catta font les observations suivantes :

« ..... Dans un certain nombre de cas, nous avons pu » reconnaitre d'autres causes à la mortalité des souches. » Il en est qui sont plantées dans un terrain dont le sous- » sol est imperméable et qui succombent sous les » atteintes du pourridié... »

Il n'y a rien à dire contre cette opinion ainsi généralisée. Le pourridié, provoqué par le *dematophora necatrix,* se rencontre assez fréquemment en Algérie. Le parasitisme de ce champignon des racines est funeste aux vignes plantées dans les terres humides, notamment dans les terres argileuses et marneuses où l'eau est stagnante, et dans celles à sous-sol imperméable. Le grenache est particulièrement sensible à ses atteintes, et c'est peut-être pour ce motif que ce cépage affectionne les milieux secs et perméables, les coteaux caillouteux, les alluvions sableuses et sèches, les sols granitiques — *Bacchus amat colles*, disaient avec raison les anciens.

Sous les attaques du pourridié, les racines sont toujours altérées, spongieuses. Leur couche parenchymateuse prend une teinte brunâtre sur laquelle se détachent les filaments mycéliens blancs ou gris du parasite.

Les moyens classiques conseillés pour combattre le pourridié — défoncements, drainages, etc. — sont coûteux et donnent souvent des résultats imparfaits. Il est préférable de livrer à la culture des céréales les terrains favorables au développement de cette maladie.

Les attaques des *parasites végétaux* sont, à notre avis, la cause efficiente d'un grand nombre de cas de dépérissements. Suivant les localités, l'oïdium *(erysiphe tuckeri)* et l'anthracnose *(sphaceloma ampelinum)* sévissent tour à tour, avec une rare intensité, dans le vignoble de Bel-Abbès. Nous avons remarqué, en côtoyant la vallée de la Mekerra, et particulièrement entre les Trembles et Zélifa, des vignes très gravement atteintes par l'*anthracnose maculée*.

L'anthracnose prend des formes diverses. Sous l'influence du milieu, elle devient anthracnose ponctuée, anthracnose déformante ou anthracnose maculée. Cette dernière est la plus commune et la plus redoutable; plusieurs affections doivent lui être rattachées. Elle attaque les sarments de l'année, depuis leur premier développement jusqu'à leur aoûtement. Le début de ses ravages est marqué par l'apparition de points isolés brun-clair, ressemblant à une légère contusion, mais sans dépression. Stimulé par des conditions ambiantes favorables, ce point grandit, puis devient noir sur le pourtour et gris roussâtre au centre. Peu à peu la tache augmente, se creuse et forme une espèce de chancre à bords surélevés qui atteint parfois la moitié de l'épaisseur du sarment; le pédoncule des grappes, les vrilles, les pédicelles, les grains, etc., peuvent être attaqués. La vigne prend un aspect buissonnant, les feuilles jaunissent.

Le soufrage pratiqué par tous les viticulteurs débarrasse la vigne de l'oïdium; malheureusement la méthode de traitement de l'anthracnose est bien loin de s'être généralisée dans les mêmes proportions, parce qu'elle est à peu près inconnue des intéressés.

Nous croyons utile d'indiquer le meilleur procédé pour la destruction de ce redoutable parasite.

Un mois avant le débourrement, badigeonner toutes les parties extérieures du cep, y compris les coursons, et sans éborgner les yeux, avec une solution à 10 °/₀ d'acide sulfurique du commerce. Les résultats que nous avons obtenus par ce procédé ont été supérieurs à ceux de la bouillie au sulfate de fer (50 °/₀), etc., préconisée de plusieurs côtés.

Après le réveil de la végétation, donner un premier soufrage, lorsque les rameaux ont environ 15 centimètres de longueur, avec un mélange, très finement pulvérisé, de soufre et de chaux grasse — chaux du Theil de préférence. — On répète l'opération de 20 jours en 20 jours, en ayant soin d'augmenter progressivement la proportion de chaux :

1er soufrage.	3/4 soufre,	1/4 chaux.
2e —	2/3 —	1/3 —
3e —	1/2 —	1/2 —

Le Phylloxera

Avant de commencer l'étude du phylloxera, mettons-nous bien dans la tête cette vérité primordiale : « On ne fait comprendre aux gens que les idées à la portée de leur entendement. »

Nous rencontrons dans tous les pays une foule de braves vignerons qui affirment *ex professo* que le phylloxera est un mythe ! Évidemment ceux qui soutiennent avec obstination une pareille absurdité ne brillent, ni par le savoir, ni par l'intelligence. D'autres, plus subtils, daignent admettre l'existence du phylloxera, mais ils le veulent *effet* et non pas *cause*. Chacun de nous connaît leurs antiennes répétées par les échos de tous les pays. Le phylloxera, disent-ils, avec un petit air entendu, ne se montre que sur les ceps épuisés, les ceps trop vieux, mal entretenus, etc., etc., mais la jeune vigne, les soins culturaux, le fumier, surtout le fumier, viennent à bout de lui. Enfin, une catégorie de viticulteurs, plus riche cérébralement, mais dépourvue de connaissances techniques, prétend, *à priori*, que le phylloxera algérien est un phylloxera spécial, lequel — sans doute pour leur être agréable — ne prend jamais la forme ailée. Hâtons-nous d'ajouter que rien ne justifie une pareille hypothèse et qu'au contraire toutes les observations compétentes la contredisent formellement :

1° MM. Couanon et Gastine ont vu des nymphes à Tlemcen, en 1885 ;

2° MM. Catta et Altairac ont vu des ailés à Philippeville, en 1889 ;

3° MM. Uhlmann et Sébastian ont vu des nymphes à Mascara, en novembre 1890 ;

4° M. Valéry Mayet a vu des nymphes à Philippeville, en juillet 1891.

Les Suisses soutenaient jadis que le froid supprimait la forme ailée dans leur pays, et, là-dessus, ils édifiaient mille théories ingénieuses sur la localisation de la maladie. Ils vécurent d'espérances ! Plus tard, la vérité se fit jour, et, à l'heure actuelle, aucune personne sérieuse ne conteste la présence de l'*ailé agame* sur les bords du Léman. En Algérie, pas un seul viticulteur n'a compté sur les rigueurs de l'hiver, mais beaucoup sont encore persuadés que les chaleurs de l'été privent le maudit insecte de la forme ailée et l'obligent ainsi à évoluer dans un sens favorable à leurs idées ou à leurs intérêts. Heureuses gens !

Il faut le dire hautement, car il est inutile de le cacher, le phylloxera algérien est absolument identique au phylloxera français ; le cycle de ses métamorphoses, ses moyens de propagation, sont actuellement comparables, sous tous les rapports, des deux côtés de la Méditerranée La chaleur n'intervient que pour augmenter sa puissance de reproduction et, par conséquent, pour accentuer ses méfaits.

Mais d'où vient le phylloxera ?

Le *phylloxera vastatrix* est originaire de l'Amérique. Les échanges, aujourd'hui si nombreux et si rapides entre les différents pays, ont favorisé sa diffusion. L'homme a été et est encore son agent de propagation le plus actif.

Dès 1854, un entomologiste américain, Fitch, avait

signalé sa présence dans l'État de New-York. En 1863, le phylloxera existait dans les serres à vignes des environs de Londres. Lorsqu'on l'a découvert chez M. de Rotschild, à Prégny, dans le canton de Genève (1874), l'enquête a démontré qu'il y avait été introduit par des vignes importées d'Angleterre en 1869.

Vers 1863, un mal inconnu — le phylloxera — détruisait progressivement les vignes de Pujault, dans le département du Gard. En 1867, le dépérissement s'étendait déjà sur une partie des départements voisins. En 1869, un nouveau centre phylloxérique était découvert, chez M. Laliman, à Bordeaux, sur des cépages venus d'Amérique. En 1873, le phylloxera passait en Corse, et, en 1878, il occupait tout le Midi de la France, remontant d'un côté jusqu'à Lyon, de l'autre jusqu'aux Charentes. Maintenant, l'ensemble du vignoble de la mère patrie est atteint, car le terrible puceron entame la Champagne. Il est en Algérie ! Mais les pays français n'ont pas le triste privilège de ce fléau. L'Espagne, l'Italie, la Suisse, la Grèce, l'Allemagne, la Turquie d'Asie, l'Australie, la colonie du Cap, etc., le subissent également.

D'ailleurs, la propagation du *phylloxera vastatrix*, hors de sa patrie, ne constitue pas un fait exceptionnel dans l'histoire des insectes nuisibles. L'ennemi des pommiers, le *puceron lanigère* (*schizoneura lanigera*), est aussi un cadeau de l'Amérique. En revanche, l'Europe a donné au Nouveau-Monde la cécidomie du froment (*cecidomya destructor*), qui détruit les blés ; le criocère de l'asperge (*crioceris asparago*) ; mais ce diptère et ce coléoptère réunis ne valent pas le phylloxera. Nous restons débiteurs des Américains. D'un autre côté, la hideuse punaise se rencontre dans les hôtels de New-York comme dans les chalets suisses. Les voyageurs ont appris à leurs dépens que son aire de dispersion est très vaste. De même pour le répugnant cancrelat ou cafard. Ces quelques exemples sont suffisants pour prouver qu'un grand nombre d'insectes nuisibles deviennent cosmopolites avec une facilité déplorable !

Nous pouvons diviser l'année phylloxérique en trois périodes, mais sans oublier que l'évolution vitale reste sous l'influence directe de la chaleur et qu'elle varie, par conséquent, avec la température du lieu. Ce minuscule insecte ne possède pas un organisme capable de maintenir dans ses éléments vivants une température constante; il est donc soumis à une vie oscillante complètement subordonnée au milieu cosmique. La vie s'abaisse ou se ranime, suivant les circonstances atmosphériques qui jouent en quelque sorte un rôle d'anesthésique. S'il en était autrement, il y aurait conflit entre la matière vivante et les conditions extérieures, l'insecte périrait.

Il est bien entendu que nous établissons nos trois périodes phylloxériques pour Bel-Abbès et non pas pour les régions plus chaudes du littoral :

1° Période hibernale ou de sommeil : de fin novembre au mois de mars;

2° Période de nutrition active, de multiplication et d'extension exclusivement terrestre : de fin mars à fin juin;

3° Période de transformation en nymphes et ailés. Colonisation par voie aérienne. Naissance des sexués. Ponte de l'œuf d'hiver : depuis le mois de juillet jusqu'aux premiers froids.

Voici maintenant le cycle biologique de l'insecte qu'il sera facile d'adapter aux trois périodes précitées :

1° Aptères agames — { aériens ou gallicoles; souterrains ou radicicoles;

2° Nymphes — vivant dans le sol jusqu'au moment de leur transformation en ailés agames;

3° Ailés agames — aériens;

4° Sexués — aériens.

Pour rendre plus lucide le développement biologique de l'insecte, nous allons le suivre en partant de la *forme ailée*.

Les essaimages commencent de se produire vers mi-juillet. Le phylloxera ailé prend son vol et, porté au gré des vents, il va à la recherche d'un gîte. Après avoir vécu quelque temps sur les parties aériennes de la vigne, ce petit colon, qui mesure à peine un millimètre de longueur, pond quatre à six œufs *(pseudova)* sur la face inférieure des jeunes feuilles et sans fécondation préalable. Ces œufs, ovales et jaunâtres, sont de deux grandeurs : les uns mesurent 0mm40 de long, les autres 0mm25. Des gros œufs naissent des femelles sans ailes, pendant que les petits œufs donnent naissance à des mâles également sans ailes.

Les phylloxeras sexués sont plus microscopiques que les autres formes; ils ne vivent que quelques jours, uniquement préoccupés du soin de la reproduction. Ils ne mangent pas, car ils sont dépourvus de suçoir ou rostre et de tube intestinal. Aussitôt après leur éclosion, ils s'accouplent. La femelle pond un œuf dit *œuf d'hiver*, qui est aussi gros qu'elle. Cet œuf unique est généralement déposé sous les écorces du bois de deux ans.

Suivant la douceur de la température, l'œuf d'hiver évolue plus ou moins rapidement; il donne naissance à un aptère agame, c'est-à-dire à un phylloxera de sexe neutre et privé d'ailes. Nous ne tiendrons pas compte de la forme gallicole qui, si elle existe dans nos contrées, y est au moins extrêmement rare — personne ne l'a signalée. Comme le disent MM. Catta et Valéry Mayet, les gallicoles sont très nombreux sur le *riparia* et ses dérivés; mais, en présence du *vitis vinifera* que nous cultivons, les aptères agames pénètrent sous terre et se fixent sur les racines. Ce sont là les maudits qui provoquent la mort de la vigne en amenant par leurs piqûres la nécrose du système radiculaire et en absorbant au passage la sève nourricière.

Un seul aptère agame suffit pour créer vite sur les racines une colonie puissante. Ces phylloxeras pondent, sans être fécondés, quatre ou cinq œufs par jour. Ils meurent après avoir déposé une trentaine d'œufs. Les œufs éclosent au bout de sept à dix jours et les nouveaux nés se mettent à pondre peu après. C'est une progression effroyable !

Sous l'influence de certaines conditions encore inconnues, beaucoup d'aptères agames, quand arrive le mois de juillet, ne deviennent pas des *pondeuses*. A la suite de mues successives, ils passent à l'état de *nymphes*. Quinze ou vingt jours après, la nymphe sort de terre et se transforme en *ailé*, charmant insecte à corps jaune, muni de quatre ailes transparentes dépassant l'abdomen et posées à plat. Voilà notre ennemi prêt à partir pour aller fonder une colonie nouvelle.

Maintenant que nous connaissons en détail les mœurs des différentes formes phylloxériques, nous pouvons comprendre aisément que la propagation du mal peut se faire de plusieurs manières :

1° Par le transport des aptères agames, vivant sur les racines, à l'aide des instruments viticoles, des plants racinés, etc. ;

2° Par le transport des boutures portant l'œuf d'hiver ;

3° Par l'essaimage des insectes ailés ;

4° Par le transport des fruits ou des feuilles portant des ailés ou des sexués.

Les expériences de M. Faucon, rapportées par MM. Valéry Mayet et Catta, prouvent que les aptères agames des racines, pendant leur jeune âge, émigrent parfois d'un cep à l'autre en cheminant à la surface du sol.

Toutes ces observations nous dictent les précautions à prendre ; nous en reparlerons plus loin.

Introduction des cépages américains. Boutures. — Semis.

MM. Valéry Mayet et Catta ont montré brièvement les dangers de la culture des vignes américaines.

L'introduction des boutures risquerait fort d'importer le phylloxera sous forme d'œuf d'hiver; elle offre d'autres graves inconvénients, mais cela suffit pour que nous la repoussions.

Essayons d'expliquer les motifs qui nous obligent à combattre également les semis.

Le *bouturage* est le procédé de multiplication le plus commode, le plus rationnel, quand il s'agit de créer un vignoble; aussi est-il généralement usité dans tous les pays.

Ses principaux avantages sont d'assurer, dans la plus large mesure, la transmission des caractères du *pied-mère* et d'amener rapidement la mise à fruits. Sur ces deux points essentiels nous pouvons dire que le procédé de multiplication par graine est caractérisé par les propriétés contraires.

Nous n'ignorons point que les bourgeons, nés sur un même cep, manifestent une certaine individualité; ils éprouvent des influences qui tendent à les différencier. La création d'un grand nombre de variétés roses, blanches, etc., n'ont pas eu d'autre origine. La plupart de ces variétés sont le résultat de déviations accidentelles, isolées et fixées par le bouturage. Mais ces exceptions, intéressantes pour le naturaliste, ont peu d'importance au point de vue pratique, et chacun admet que les sarments de l'année, recueillis mûrs et sains, possèdent au plus haut degré la mémoire histologique et reproduisent les caractères du cep d'où ils sortent.

Les boutures du *vitis vinifera* — grenache, mataro, carignane — que nous cultivons, ont l'heureuse propriété d'émettre très aisément des racines adventives, c'est-à-dire d'être d'une reprise facile. Il n'en est pas de même pour les cépages américains, et un grand nombre d'entre eux se montrent presque absolument réfractaires à ce mode si pratique de multiplication.

La graine ou pépin de vigne donne toujours naissance à une *individualité nouvelle* dans laquelle se découvrent des caractères particuliers issus du croisement sexuel, plus ou moins fondus, juxtaposés, amalgamés, avec les caractères généraux des ancêtres.

La famille des ampélidées renferme plusieurs genres. Le genre *vitis* est le seul qui nous intéresse ; il possède de nombreuses espèces dont les formes et les aptitudes sont très variées.

Les vignes cultivées *(vitis vinifera)*, que nous désignons ici sous le terme général de *cépages,* sont hermaphrodites ; elles possèdent des organes mâle et femelle sur la même fleur, mais certaines espèces offrent des types de sexes divers. (*V. Candicans, V. Amurensis, V. Rupestris,* etc.)

La structure hermaphrodite des fleurs n'amène nullement d'une façon obligatoire l'autofécondation ; au contraire, les observations de Darwin, Van Thieghem, Millardet, prouvent qu'il est excessivement rare qu'une fleur soit imprégnée par son propre pollen. La poussière fécondante transportée par le vent ou par les insectes facilite les croisements naturels.

L'autofécondation, la *self-fertilisation* des Anglais, est de l'hermaphroditisme vrai. L'huître en offre un bon exemple. Chez ce mollusque lamellibranche, les follicules mâle et femelle sont mêlés dans une même glande génitale ; mais l'hermaphroditisme du *vitis vinifera* est plus différencié morphologiquement. Il représente, à notre avis, un terme particulier de la longue série des modalités génératrices. On peut le placer à la limite du pseudo-hermaphrodisme ou *mutuo-fécondation* dont l'escargot est une illustration typique. Dans le stade marqué par ce gastéropode pulmoné, l'unisexualité existe fonctionnellement avant de paraître anatomiquement, tandis que chez le *vitis vinifera,* l'hermaphroditisme existe anatomiquement et tend seulement à cesser d'être au point de vue fonctionnel.

Sans entrer dans le détail des dispositions physiologiques et anatomiques spéciales qui s'opposent à la fécondation directe, nous ajouterons que la fécondation croisée est encore facilitée par la promptitude avec laquelle le pollen étranger se développe sur le stigmate et féconde les ovules.

Évidemment, le botaniste peut opérer des croisements *artificiels* entre deux types choisis du *vitis*, mais les forces naturelles se jouent souvent de ses savantes combinaisons; il ne connait pas à l'avance le résultat de son intervention et, malgré l'emploi de procédés subtils, reste souvent loin du but désiré. D'ailleurs, ces recherches méticuleuses exigent des aptitudes, des connaissances spéciales et sortent du domaine de la pratique.

Tous ces renseignements techniques ne paraîtront pas superflus aux esprits cultivés désireux de s'instruire. Il était nécessaire de les aborder pour arriver à comprendre les motifs qui agissent sur un pépin de vigne et l'empêchent de reproduire fidèlement les caractères du *pied-mère*.

Parmi les formes innombrables des vignes d'Europe ou d'Amérique, aucune ne peut se reproduire *identique à elle-même* par le semis. Il n'est pas rare de voir des graines provenant de cépages résistants, tels que: le *riparia*, le *rupestris*, le *berlandieri*, donner naissance à des sujets moins résistants, même non résistants, et en somme d'une valeur culturale absolument nulle. Consultez les catalogues des vignes américaines obtenues par semis depuis vingt ans — tant à l'École d'agriculture de Montpellier que chez les pépiniéristes les plus habiles — et vous verrez combien est pauvre la liste des cépages utilisables ainsi créés. Il en existe à peine une demi-douzaine.

Sans parler des difficultés culturales du semis, nous dirons que ses résultats incertains, inéluctables, obligent le viticulteur à étudier longtemps ses produits. Avant de propager un plant, il est utile de connaître sa valeur œnologique, sa résistance au phylloxera, ses facultés d'adaptation aux différents sols, etc., etc.

Des expériences, des recherches savantes se poursuivent méthodiquement en France dans d'excellentes conditions, impossibles à réaliser en Algérie, — à moins de laisser compromettre notre situation phylloxérique.

conditions requises pour que l'opération soit parfaite. L'époque du traitement, l'état physiologique de la vigne, la nature du sol, etc., etc., sont autant de facteurs importants. C'est à cause des difficultés d'application que la sulfuration n'a pu se vulgariser et se répandre comme elle le méritait. De nombreux insuccès, causés le plus souvent par la maladresse et l'ignorance, ont découragé beaucoup de viticulteurs.

D'ailleurs, la sulfuration grève les frais culturaux d'une somme assez importante. Les vignes à petits rendements, celles dont les produits sont communs et bon marché, ne peuvent songer à l'utiliser. En viticulture, comme dans toutes les opérations agricoles, nous avons pour but le profit.

Le traitement cultural d'un hectare exigerait, dans la région de Bel-Abbès :

200 kilog. de sulfure à 45 francs environ.	90f
15 à 20 journées d'ouvriers, suivant que le sol offre plus ou moins de résistance au pal	60
Total.	150f

Il y a encore à ajouter à ce chiffre l'achat et l'usure du matériel : pals injecteurs, barres, etc., ainsi que des frais de fumures, car les vignes phylloxérées soumises à ces traitements veulent un supplément d'engrais.

Les traitements culturaux — sans tenir compte de leurs aléas — grèveraient la viticulture Oranaise de *8 à 900,000 francs* environ chaque année (43,000 hectares de vignes).

Comme l'a si bien dit un praticien éminent, M. Jaussan, de Béziers, dont nous déplorons la perte récente : « Toute » vigne atteinte doit être entièrement traitée si on a le » désir de la défendre culturalement. »

Lorsqu'une tache souterraine donne des signes extérieurs de sa présence, il faut se persuader que le phylloxera occupe les racines depuis 2 ou 3 ans, suivant la gravité du cas. Pendant ce laps de temps, les *ailés*, etc., ont créé des colonies nouvelles; ces colonies, bien que non apparentes, sont en train d'en créer d'autres, etc. Les recherches, les précautions doivent redoubler, lorsqu'on se trouve devant une tache ancienne. Semblable aux étincelles qui couvent sous les cendres, le mal paraît rester stationnaire, — on dirait qu'il ne grandit pas, — puis tout à coup les taches se montrent nombreuses et le vignoble meurt en une seule année. C'est ainsi que la France, l'Espagne, l'Italie, etc., ont vu disparaître *deux ou trois millions d'hectares* de vignes en moins de 20 ans !

Les traitements par le sulfure de carbone à haute dose (320 grammes par mètre carré), tels qu'ils sont pratiqués en Algérie, détruisent radicalement tous les œufs, tous les phylloxeras vivant sur les racines. Au contraire, les traitements culturaux les mieux faits épargnent beaucoup de phylloxeras, ils ne suppriment pas la cause du mal, et c'est pour ce motif qu'il est nécessaire de les renouveler chaque année, même dans les rares milieux où leur action atteint le maximum d'efficacité.

2°. — Un seul aptère agame suffit pour créer vite une colonie puissante. L'aptère agame se reproduit sans avoir besoin d'être fécondé. Ses éléments anatomiques répercutent l'impulsion sexuelle reçue par l'œuf d'hiver ou, en d'autres termes, produite par l'union d'un élément cellulaire mâle et d'un élément cellulaire femelle différenciés. La ponte de l'agame, espèce de bourgeonnement, n'est qu'une dépense graduelle de l'énergie proliférairice cellulaire concentrée dans l'œuf d'hiver. Les générations asexuelles ne peuvent se poursuivre indéfiniment; la forme agame tend forcément vers l'extinction et elle finirait par disparaître si elle n'était, en quelque sorte, périodiquement ressuscitée par la génération sexuelle. *L'insecte ailé* contribue puissamment à la diffusion phylloxérique et il est en même temps le point de départ de l'énergie proliférairice qui ranime le cycle biologique de l'espèce, ne l'oublions pas.

La maladie ne commence réellement pour la vigne qu'à

partir du moment où l'insecte agame est arrivé sur les racines. Les recherches méthodiques pratiquées autour des foyers détruits ne peuvent parvenir qu'à découvrir les *colonies radicicoles*. Nous savons combien il est difficile et pénible de constater la présence de l'insecte lorsque la colonisation débute...., d'ailleurs, dans le voisinage d'une tache ancienne, les racines sont encore indemnes lorsque déjà le cep est contaminé extérieurement par la présence de l'insecte ailé ou de ses produits.

Les recherches méthodiques d'automne ne décèlent que les petits foyers souterrains non reconnus pendant *les recherches du printemps* (1), — il est bien rare qu'il en soit autrement, — mais elles sont impuissantes à découvrir les *ailés* sortis des taches traitées après juillet et vivant, dès ce mois là, sur les feuilles de vigne.

D'un autre côté, les migrations des insectes ailés permettent d'expliquer la découverte, au printemps, d'une très jeune colonie, installée sur les racines d'un cep, absolument indemne lors des fouilles méthodiques de l'automne précédent.

Afin d'améliorer le système de défense, le Syndicat des viticulteurs pourrait prendre des *mesures préventives*. L'argent ne lui fait pas défaut. Le badigeonnage des vignes, à l'aide du mélange préconisé par Balbiani, détruit l'œuf d'hiver du phylloxera, ainsi que les nombreux parasites divers qui se cachent sous l'écorce des ceps. Son efficacité est incontestable.

Voici les instructions pratiques adoptées par le savant embryogéniste :

Décortiquer les vignes âgées de plus de 5 ans et badigeonner tous les ceps avec le mélange suivant :

(1) Il y aurait grand intérêt à entreprendre les recherches du printemps le plus tardivement possible, en tenant compte de l'exposition et de la température. Commencer les recherches dans les endroits les plus chauds.

Huile lourde de houille.	20 parties
Naphtaline brute.	60 —
Chaux vive.	120 —
Eau	400 —
Total.	600 parties

Prix de revient : 40 francs environ par hectare.

Je crois inutile d'insister sur l'utilité qu'il y aurait à pratiquer ce badigeonnage dans un vaste rayon autour d'un point déclaré phylloxéré, après avoir incinéré sur place tous les bois provenant de la taille. Bien entendu, le pâturage des troupeaux dans la zone suspecte serait formellement interdit.

Quelques viticulteurs pratiquent à outrance l'ablation des radicelles superficielles. Cette méthode est parfois funeste à la vigne, car elle peut occasionner une rupture d'équilibre entre la partie aérienne et le système radiculaire, au moment du réveil physiologique. Lorsque les bourgeons évoluent sous l'influence des premières effluves printanières, ils utilisent d'abord les matériaux de réserve, mais ces ressources ne tardent pas à s'épuiser. Si la plante ne possède que des racines profondément enfouies, l'élévation de la température atmosphérique les atteint trop tardivement, surtout à la suite de pluies froides, elles ne subviennent pas avec assez d'activité aux besoins du développement et la vigne jaunit (cas de chlorose).

Au point de vue phylloxérique, cette pratique routinière offre de bien plus grands dangers. Elle rend les recherches plus pénibles, plus difficiles, et contribue à la propagation de l'insecte. Nous ne saurions trop la proscrire dans le voisinage des points contaminés.

Le badigeonnage, — solution d'acide sulfurique à 10 °/o, — que nous avons recommandé plus haut contre l'anthracnose, donnera des résultats aussi favorables que le mélange Balbiani. L'application de ce traitement préventif et les différentes opérations préparatoires qu'il comporte, occuperaient très avantageusement les Agents du Syndicat pendant la saison hivernale. Nous ne saurions nous lasser de le répéter, lorsqu'on lutte contre des ennemis microscopiques, aucune bonne précaution ne doit être négligée. Il faut savoir mettre à profit les enseignements de la science.

La défense — est-il nécessaire de le dire, — a besoin de compter sur l'activité et la compétence des experts chargés des recherches par le Syndicat, sur l'habileté et la promptitude des décisions prises par les représentants de l'Administration, mais, pour être forte, il faut absolument qu'elle s'appuie sur la masse des viticulteurs. Le succès est à ce prix !

Tous ceux qui comprennent la grandeur du péril et les devoirs qu'il nous impose, doivent s'appliquer sans relâche, à former, à éclairer l'opinion de leurs concitoyens, hostiles ou indifférents par ignorance. Chaque viticulteur instruit devient un auxiliaire précieux. Vulgariser et faire comprendre à tous la question phylloxérique, c'est rendre un grand service au pays.

Le vigneron, le propriétaire qui connaît sa vigne, s'aperçoit bien vite du moindre signe de dépérissement. Les opérations culturales, le déchaussement, etc., en mettant à découvert le chevelu superficiel, lui permettent d'apercevoir les nodosités, les renflements si caractéristiques, indices certains de la présence du phylloxera. Pourquoi laisser dans l'ignorance cette foule d'agents intéressés et gratuits, prêts à exercer une surveillance de tous les instants? Leurs services auraient surtout un grand prix pendant l'été, lorsque les agents du Syndicat s'occupent des recherches générales.

MM. Valéry Mayet et Catta réclament des recherches méthodiques d'été. Assurément les découvertes de juillet et d'août permettraient de prévenir au moins une partie des essaimages, mais, lorsque les mois chauds arrivent, les recherches méthodiques du printemps viennent de finir et les experts du Syndicat poursuivent les recherches générales. Une augmentation de personnel triompherait de cette difficulté ; malheureusement, il y a d'autres sérieux inconvénients. Les vignes en pleine végétation ne sont pas faciles à parcourir, cependant c'est encore là une question secondaire. Le grand obstacle, c'est *le propriétaire* qui aime son bien, ce qui est fort naturel, et qu'on blesserait profondément en lâchant à travers ses vignes une troupe de piocheurs. L'été est une période critique pour la vigne : fouiller le sol, meurtrir les racines et souvent les raisins, ne peut faire plaisir à personne lorsque la chose n'est pas absolument nécessaire.

Le phylloxera a pris pied sur la terre algérienne, le fait est incontestable, mais nous sommes persuadés qu'avec de l'énergie et de l'entente, notre beau vignoble échappera au désastre brutal et restera florissant.

La mer nous sépare des grands foyers d'infection européens. Sachons profiter de l'expérience acquise et des avantages que la nature nous a accordés pour prévenir, par des peines très sévères, *de nouveaux apports étrangers.*

Surveillons les points contaminés et suivons pas à pas leurs éclaboussures. Supprimons avec la dernière rigueur, dans toute l'étendue de la Colonie, le transport des fruits, plants, sarments, feuilles et débris de vignes. De vastes espaces incultes isolent entre eux nos vignobles, cela entrave la propagation de l'insecte et favorise la résistance ; tout contribue à élever nos espérances.

Dans l'exposé rapide qui précède, nous avons cherché à mettre en évidence les traits les plus saillants de la question phylloxérique, tout en étudiant les modifications et les progrès dont on pourrait désirer la réalisation immédiate.

Cette petite esquisse n'a pas l'ambition d'être un portrait achevé : c'est un simple croquis, mais rigoureusement exact, car il est fait entièrement d'après nature. Nous espérons que sa franchise lui méritera la bienveillance de ceux qui aiment l'Algérie et la servent sans arrière-pensée pour grandir la Patrie française.

V. SÉBASTIAN,

Secrétaire de la Commission d'Études phylloxériques du Conseil général d'Oran.

RAPPORT

DE LA COMMISSION DU PHYLLOXERA

Le Conseil général a le droit et le devoir de s'occuper très attentivement de toutes les questions intéressant le département qu'il a l'honneur de représenter. Parmi ces questions vitales, la lutte contre le phylloxera occupe sans contredit la première place, car l'essor de la colonisation et la solidité de la fortune publique dépendent, dans une très large mesure, de ses résultats. L'Assemblée départementale ne perdra jamais de vue les grands intérêts dont elle a la charge.

C'est sous l'influence de cette préoccupation que, dans sa dernière session, le Conseil, écoutant les doléances et les plaintes des vignerons de la région de Bel-Abbès, a nommé une Commission de six membres prise dans son sein et de deux délégués, M. Valéry Mayet, professeur à l'École d'agriculture de Montpellier, et M. Catta, chef de service du Syndicat du département d'Alger, avec mission d'étudier d'une façon complète l'étendue et la gravité du mal et les moyens de l'enrayer.

Messieurs, vous avez certainement tous lu et relu les remarquables rapports qui vous ont été fournis par MM. Valéry Mayet et Catta, et par M. Sébastian, délégué préfectoral à Mascara, désigné comme secrétaire de la Commission d'études du Conseil général.

I. — Continuation de la lutte

Il ressort de la lecture de ces documents que la continuation de la lutte phylloxérique dans notre département, en vertu de la loi de 1883, s'impose d'une façon indiscutable et absolue.

M. Valéry Mayet, américaniste à outrance dans l'Hérault, est carrément anti-américaniste dans le département d'Oran et il s'élève de toutes ses forces contre l'introduction des cépages américains, non seulement par boutures, mais aussi par semis.

Les dangers de la culture des vignes américaines en Oranie sont trop bien exposés dans les rapports que le Conseil général a sous les yeux pour que votre Commission insiste sur ce point. Il est du reste, heureusement, à constater que dans notre département personne n'est américaniste. Ce ne sont pas les plants américains que réclament nos viticulteurs; ce qu'ils demandent, ce sont des agents capables et une indemnité suffisante le jour où le phylloxera est signalé dans les vignes qu'on va leur arracher.

II. — Service de recherches et Service d'extinction. — Réformes à apporter dans ces deux Services.

L'intervention du Conseil général a eu pour premier résultat de stimuler le zèle des agents phylloxériques opérant dans la région de Bel-Abbès. Sur ce point les viticulteurs sont unanimes : les recherches de 1891 ont été conduites avec beaucoup plus d'activité et de compétence que celles des années précédentes.

MM. Valéry Mayet et Catta, cherchant les causes de l'extension que le phylloxera menaçait de prendre à Bel-Abbès, ont mis le doigt sur la plaie en montrant combien les Services de recherches et d'extinction ont été dans cette région au-dessous de leur tâche. Trop souvent, hélas! leur apprentissage s'est fait aux dépens de la viticulture.

Il était temps, grandement temps, d'enrayer le mal.

Le personnel du Syndicat a la lourde charge des recherches. L'Administration lui a fort adroitement posé sur les épaules la clef de voûte de la défense phylloxérique, de façon à éviter les plaintes en cas d'écroulement. Il ne faut pas se le dissimuler, le Service des recherches est de la plus haute importance, il guide et domine l'ensemble des opérations de défense; s'il est en mauvaises mains, tous les efforts resteront vains et superflus.

Votre Commission est heureuse de constater que le personnel du Syndicat s'est bien amélioré, qu'il renferme aujourd'hui des agents compétents connaissant le phylloxera. Encore quelques efforts judicieux et il ne tardera pas à répondre exactement aux besoins de l'heure présente.

Le patriotisme éclairé et le dévouement du bureau du Syndicat sauront certainement utiliser les observations des experts du Conseil général.

L'État lui-même n'a pas toujours eu la main heureuse dans le choix de ses représentants: les ruines irréparables de Philippeville sont là pour l'attester. Sans les réclamations énergiques du Syndicat et du Conseil général d'Oran et aussi de la Presse, Bel-Abbès serait à la veille de perdre son beau vignoble.

Un Service est bien coupable lorsqu'il confie de grands intérêts à des personnes incapables de les défendre. S'il y a des services politiques à récompenser, il existe en France et en Algérie — malheureusement — assez de sinécures qui n'exigent aucun savoir.

C'est surtout en matière phylloxérique qu'on peut dire, sans crainte de se tromper, que la valeur des lois et des règlements se mesure à la valeur de l'agent qui est chargé de les appliquer. Il ne s'agit pas seulement d'aligner des chiffres, de remplir méthodiquement des imprimés, de faire de jolis rapports administratifs et littéraires, il faut avant tout faire preuve d'activité, de décision et de compétence technique.

Votre Commission a constaté que les intéressés montrent toujours une remarquable prévoyance dans l'appréciation des agents qui les servent. Et cela se conçoit, puisqu'en somme l'autorité et l'influence ne sont que le résumé de la confiance des autres, t, pour acquérir cette confiance, il faut avant tout s'imposer par les services rendus.

Les finasseries diplomatiques et bureaucratiques ne remplaceront pas le savoir et l'intelligence dans les questions agronomiques.

MM. Valéry Mayet et Catta, constatant l'insuffisance du contrôle des opérations, reconnaissent que M. Quercy est dans l'impossibilité de tout voir. Mais, justement à cause de cela, votre Commission estime que le choix des délégués d'arrondissement doit être fait avec le plus grand soin, puisque c'est de leur compétence et de leur activité que dépend le succès de la défense.

Les faits démontrent surabondamment que l'influence du délégué départemental est moindre que celle du délégué d'arrondissement, et cela s'explique : tous les arrondissements qui ont été dirigés par un agent à la hauteur de sa tâche sont dans une situation très satisfaisante au point de vue qui nous occupe. Au contraire, le mal a fait de rapides progrès à Philippeville, à Bel-Abbès, partout où, de l'avis des intéressés, les délégués d'arrondissement étaient incapables. A moins d'être aveugle, il faut donc admettre qu'il y a tout intérêt à choisir de bons délégués d'arrondissement et par suite à renforcer leurs attributions mal définies sur certains points importants.

Le délégué d'arrondissement devrait être consulté sur la direction à imprimer aux recherches. Les avis de cet agent technique ne peuvent que fortifier la bonne volonté et le zèle intelligent des agents du Syndicat. Votre Commission estime que les deux Services doivent s'unir de la sorte en vue d'intérêts communs.

Votre Commission vient d'apprendre que, dans sa réunion d'hier, le Syndicat de défense d'Oran a émis le vœu que le Directeur du Service phylloxérique ne soit pas distrait de son service par d'autres occupations.

M. Quercy, professeur départemental d'agriculture, a surtout pour mission de vulgariser les progrès constants de la science agronomique dans son acception la plus étendue. Votre Commission comprend combien les charges de M. Quercy sont lourdes dans une région immense et essentiellement agricole. Mille recherches sollicitent son activité.

Malgré son zèle et son dévouement, il ne lui est pas possible de consacrer le temps nécessaire à un Service spécial que l'Administration a greffé sur le sien au grand préjudice de tous. Aussi votre Commission se rallie-t-elle volontiers à la proposition du Syndicat d'Oran; elle approuve également la nomination d'un agent spécial à Oran ayant la direction du Service de recherches dans tout le département.

III. — Indemnités

La question des indemnités à accorder aux propriétaires dont on détruit les vignes est de la plus haute importance. Cette année-ci, la Commission interdépartementale des indemnités s'est réunie à Alger et a insisté sur les inconvénients et les dangers de l'insuffisance de l'indemnisation. Grâce à ces protestations, les sommes accordées se sont élevées pour Bel-Abbès à une moyenne de 1,420 franccs par hectare. Il est certain que c'est là un taux raisonnable, s'il est maintenu.

Mais le vigneron ne doit pas rester dans l'incertitude,

il importe qu'il soit assuré de recevoir une indemnité équitable et immédiate. Le jour où il aura cette assurance, il ne protestera plus contre la taxe à payer.

Pour arriver à ce résultat, votre Commission revient sur la proposition qu'elle vous a déjà soumise dans la session d'avril et qui consiste dans la création par le Syndicat d'un fonds de réserve, fonds qui serait formé avec les 2/5e de la taxe.

Ce fonds de réserve permettrait au Syndicat de compléter l'indemnité accordée par l'État dans les cas où, après examen, elle serait jugée insuffisante. Il lui permettrait aussi d'avancer immédiatement au colon phylloxéré la somme dont celui-ci aurait besoin pour replanter la vigne et recommencer de suite ses travaux. Ces avances seraient naturellement remboursées au Syndicat le jour où le propriétaire toucherait l'indemnité de l'État.

Dans ces conditions, votre Commission n'hésite pas à vous proposer de fixer le quantum de la taxe à 5 francs. Puisque, de l'avis du Syndicat, 3 fr. suffisent largement à assurer le parfait fonctionnement du Service, les 2 fr. qui restent serviraient uniquement à constituer un fonds de réserve.

En résumé, votre Commission pense que, du moment où personne dans notre département ne songe à abandonner la lutte, il importe de perfectionner par tous les moyens les procédés de recherches et d'extinction, de se montrer très sévère dans le choix des agents, et enfin de trancher la question des indemnités.

Si tous les Services se montrent à la hauteur de leur tâche, la coopération volontaire de la population viticole ne leur fera pas défaut et pendant encore longtemps nos vignes françaises continueront à faire la prospérité du département d'Oran.

UHLMANN.

TABLE DES MATIÈRES

www.ingramcontent.com/pod-product-compliance
Lightning Source LLC
LaVergne TN
LVHW010042230826
846091LV00005B/1825

* 9 7 8 2 0 1 3 2 6 2 9 2 7 *